BEI GRIN MACHT SICH IHR WISSEN BEZAHLT

- Wir veröffentlichen Ihre Hausarbeit, Bachelor- und Masterarbeit

- Ihr eigenes eBook und Buch - weltweit in allen wichtigen Shops

- Verdienen Sie an jedem Verkauf

Jetzt bei www.GRIN.com hochladen und kostenlos publizieren

Irene Lupp

Die krankheitsbedingte Kündigung

GRIN Verlag

Bibliografische Information der Deutschen Nationalbibliothek:

Die Deutsche Bibliothek verzeichnet diese Publikation in der Deutschen National-
bibliografie; detaillierte bibliografische Daten sind im Internet über http://dnb.d-
nb.de/ abrufbar.

Dieses Werk sowie alle darin enthaltenen einzelnen Beiträge und Abbildungen
sind urheberrechtlich geschützt. Jede Verwertung, die nicht ausdrücklich vom
Urheberrechtsschutz zugelassen ist, bedarf der vorherigen Zustimmung des Verla-
ges. Das gilt insbesondere für Vervielfältigungen, Bearbeitungen, Übersetzungen,
Mikroverfilmungen, Auswertungen durch Datenbanken und für die Einspeicherung
und Verarbeitung in elektronische Systeme. Alle Rechte, auch die des auszugsweisen
Nachdrucks, der fotomechanischen Wiedergabe (einschließlich Mikrokopie) sowie
der Auswertung durch Datenbanken oder ähnliche Einrichtungen, vorbehalten.

Impressum:

Copyright © 2012 GRIN Verlag GmbH
Druck und Bindung: Books on Demand GmbH, Norderstedt Germany
ISBN: 978-3-656-22863-9

Dieses Buch bei GRIN:

http://www.grin.com/de/e-book/196708/die-krankheitsbedingte-kuendigung

GRIN - Your knowledge has value

Der GRIN Verlag publiziert seit 1998 wissenschaftliche Arbeiten von Studenten, Hochschullehrern und anderen Akademikern als eBook und gedrucktes Buch. Die Verlagswebsite www.grin.com ist die ideale Plattform zur Veröffentlichung von Hausarbeiten, Abschlussarbeiten, wissenschaftlichen Aufsätzen, Dissertationen und Fachbüchern.

Besuchen Sie uns im Internet:

http://www.grin.com/

http://www.facebook.com/grincom

http://www.twitter.com/grin_com

Fachschule für Wirtschaft Reutlingen

Fachrichtung Betriebswirtschaft und Unternehmensmanagement

Kursjahr 2011/2012

Betriebswirtarbeit

<u>Thema</u>

Die krankheitsbedingte Kündigung

vorgelegt von

Irene Lupp

FBW 2/1

Inhaltsverzeichnis

Abkürzungsverzeichnis..

1. Einführung 1
2. Entwicklungen und Ursachen des "Krankenstandes" in Deutschland 2
3. Das Kündigungsschutzgesetz (KSchG) 4
   3.1. Die Abgrenzung einzelner Kündigungsarten nach dem KSchG 4
      3.1.1. Die verhaltensbedingte Kündigung 5
      3.1.2. Die betriebsbedingte Kündigung 5
      3.1.3. Die personenbedingte Kündigung 5
4. Die krankheitsbedingte Kündigung als Spezialfall der personenbedingten Kündigung im Anwendungsbereich des KSchG 6
   4.1. Der Krankheitsbegriff im Zusammenhang mit der Arbeitsunfähigkeit 7
      4.1.1. Besonderheiten der Arbeitsunfähigkeit 7
   4.2. Unterscheidung einzelner Fallgruppen 8
      4.2.1. Langandauernde Krankheit..8
      4.2.2. Häufige Kurzerkrankungen..8
      4.2.3. Dauernde Arbeits- bzw. Leistungsunfähigkeit...................................... 8
      4.2.4. Krankheitsbedingte Leistungsminderung..9
   4.3. Einzelaspekte der krankheitsbedingten Kündigung...9
      4.3.1. Suchtprobleme...9
      4.3.2. Außerordentliche Kündigung wegen Erkrankung............................10
   4.4. Die Grundvoraussetzungen der krankheitsbedingten Kündigung................10
5. Das Drei-Stufen-Schema zur Prüfung der krankheitsbedingten Kündigung................11
   5.1. Negative Gesundheitsprognose.. 11
      5.1.1. Negative Gesundheitsprognose bei langanhaltenden Krankheiten....12
      5.1.2. Negative Gesundheitsprognose bei häufigen Kurzerkrankungen......13
      5.1.3. Negative Gesundheitsprognose bei Leistungsminderung................13
      5.1.4. Negative Gesundheitsprognose bei dauernder Leistungsunfähigkeit 14

5.2. Erhebliche Beeinträchtigung der betrieblichen Interessen.......................... 14

    5.2.1. Schwerwiegende Störungen im Betriebsablauf............................14

    5.2.2. Erhebliche wirtschaftliche Belastung des Arbeitgebers................... 15

5.3. Interessenabwägung...16

5.4. Kritik am Drei-Stufen-Schema...18

6. Die Mitwirkung des Betriebsrates bei krankheitsbedingten Kündigungen...................19

7. Abmahnung erforderlich?..21

8. Darlegungs- und Beweislast bei Kündigungen wegen Krankheit.......................... 22

9. Fazit.. 23

10. Literaturverzeichnis.. 25

Anhang.. 29

Abkürzungsverzeichnis

a.a.O.	am angegebenen Ort
Abs.	Absatz
BAG	Bundesarbeitsgericht
BGB	Bürgerliches Gesetzbuch
Bzw.	beziehungsweise
EFZG	Entgeltfortzahlungsgesetz
f., ff.	folgende, fortfolgende
KSchG	Kündigungsschutzgesetz
LAG	Landesarbeitsgericht
Rdn.	Randnote
Vgl.	Vergleiche
z.B.	zum Beispiel

1. Einführung

Aufgrund der heutigen wirtschaftlichen Entwicklungen sind viele Unternehmen gezwungen, Kosten einzusparen. Das bedeutet für die Unternehmen, zum Einen Arbeitsabläufe zu rationalisieren und zum Anderen, die Belegschaft zu reduzieren. Das Interesse des Unternehmens wird sich in erster Linie, am Erhalt der leistungsstarken Arbeitnehmer orientieren. Außerdem wird der Arbeitgeber sich, im Rahmen der gesetzlichen und tariflichen Möglichkeiten, von den leistungsschwachen und häufig kranken Arbeitnehmern trennen wollen, da diese zu steigenden Kosten der Lohnfortzahlung, Überbrückungsmaßnahmen und zu Produktionseinbußen führen[1].

Aus der folgenden Grafik (Stand 2002) wird ersichtlich, welche gesamtwirtschaftlichen Ausfallkosten die Unternehmen aufgrund krankheitsbedingter Fehltage ihrer Arbeitnehmer zu tragen hatten[2]:

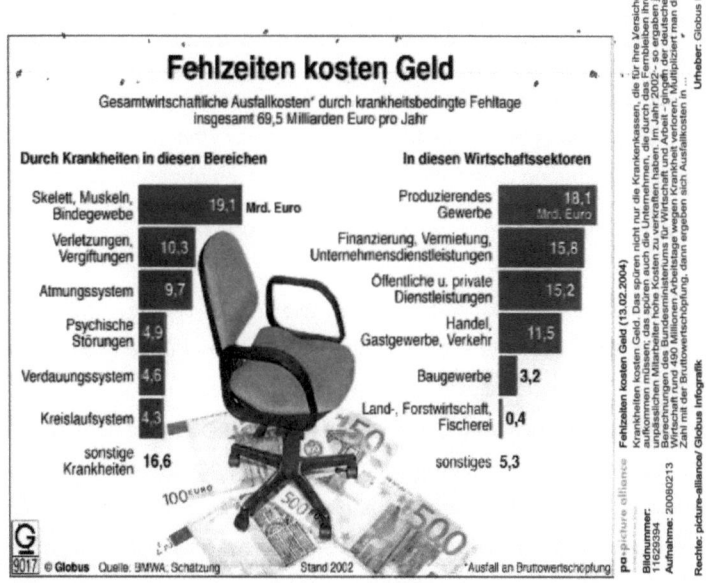

---

[1] Vgl. www.rae-hoss.de
[2] Vgl. Globus-Verlag

Wann ein Arbeitgeber von seinem Kündigungsrecht Gebrauch machen und seinem „kranken" Arbeitnehmer kündigen darf, soll in dieser Betriebswirtarbeit dargestellt werden. Das bedeutet, dass die personenbedingte Kündigung der Hauptbestandteil dieser Betriebswirtarbeit ist, da die krankheitsbedingte Kündigung ein Spezialfall der personenbedingten Kündigung ist. Die weiteren Kündigungsarten werden kurz erläutert und von der personenbedingten Kündigung abgegrenzt (vgl. Punkt 3).

Außerdem möchte ich darauf hinweisen, dass in dieser Betriebswirtarbeit unter der Bezeichnung „Arbeitnehmer" sowohl die männlichen als auch die weiblichen Mitarbeiter gemeint sind.

2. Entwicklungen und Ursachen des „Krankenstandes" in Deutschland

Im Jahr 2009 betrug der Krankenstand der Arbeitnehmer in Deutschland durchschnittlich 3,4 Prozent. Somit ist im Vergleich zum Vorjahr ein leichter Zuwachs zu sehen, jedoch wird an der Abbildung (siehe Seite 3) sehr deutlich, dass sich der Krankenstand seit den letzten Jahren auf einem extrem niedrigen Stand befindet. Dieser Krankenstand zeigt, dass sich im Jahresdurchschnitt 3,4 Prozent der Arbeitnehmer, die bei der Krankenkasse gesetzlich pflichtversichert sind, als arbeitsunfähig gemeldet waren. Außerdem sieht man anhand dieser Grafik, dass der Krankenstand in den letzten 39 Jahren (abgesehen von einigen Schwankungen) kontinuierlich abgenommen hat.

Für diese rückläufige Entwicklung gibt es verschiedene Gründe:

- Zum Einen wirken sich strukturelle Faktoren, wie z. B. der Rückgang der Schwerindustrie, verbesserte Arbeitsbedingungen und verkürzte Arbeitszeiten positiv auf den Gesundheitszustand der Arbeitnehmer aus.
- Zum Anderen ist der Rückgang des Krankenstandes auch krisenbedingt. Aus Angst, den Arbeitsplatz zu verlieren, verzichten viele Arbeitnehmer auf notwendige Krankmeldungen, aber auch unbegründete Krankmeldungen nehmen ab.
- Auch betriebliche Auswahlprozesse haben Einfluss auf diese Entwicklung, da die Unternehmen versuchen sich bei Kündigungswellen von weniger leistungsfähigen, häufig kranken Beschäftigten zu trennen. Die verbleibende Belegschaft ist dann im Schnitt "gesünder" und wird weniger häufig krank[3].

---

[3] Vgl. www.sozialpolitik-aktuell.de

Diese Abbildung soll die langfristige Entwicklung des Krankenstandes in Deutschland von 1970 bis 2009 veranschaulichen:

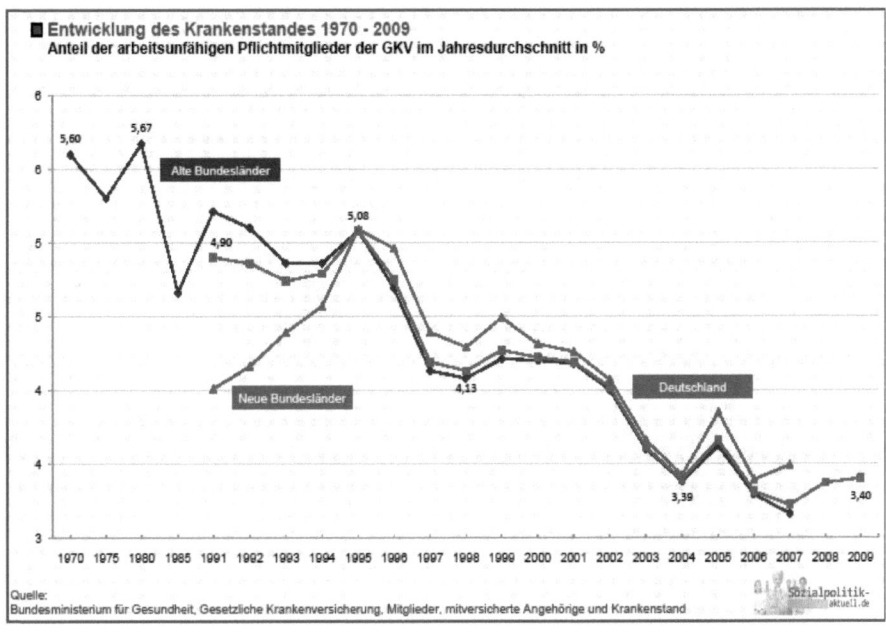

abbV1

Aus den veröffentlichten Zahlen des Bundesgesundheitsministeriums geht hervor, dass 2010 im Durchschnitt 3,68 Prozent der Beschäftigten wegen Krankheit gefehlt haben. Das bedeutet, dass der Krankenstand weiter gestiegen ist und somit den höchsten Stand seit dem Jahr 2002 erreicht hat[4]. 2009 lag der Anteil bei 3,40 Prozent[5].

Laut dem „Gesundheitsreport 2012" der gesetzlichen Krankenkasse DAK-Gesundheit ist 2011 der Krankenstand weiter um 0,2 Prozent angestiegen. Der Krankenstand liegt damit im 15-Jahres-Vergleich auf dem höchsten Niveau[6].

---

[4] Vgl. www.balanceacademie.de
[5] Vgl. www.tagesschau.de
[6] Vgl. www.versicherungsjournal.de

3. Das Kündigungsschutzgesetz (KSchG)

Damit ein Arbeitgeber einem Arbeitnehmer kündigen darf, hat der Arbeitgeber das Kündigungsschutzgesetz (siehe Anhang) zu beachten. Dieses Gesetz soll den Arbeitnehmer vor sozialwidrigen Kündigungen des Arbeitgebers schützen. Laut diesem Gesetz muss der Arbeitgeber folgendes beachten:

- Besteht ein Arbeitsverhältnis mit dem Arbeitnehmer zum Zeitpunkt der Kündigung, länger als sechs Monate ohne Unterbrechung[7]

und

- sind mehr als zehn Arbeitnehmer im Unternehmen beschäftigt[8] (sofern das Arbeitsverhältnis vor dem 31.12.2003 begonnen hat, ggf. mehr als fünf Arbeitnehmer),

unterliegt der Arbeitnehmer dem Kündigungsschutzgesetz[9].

Das Kündigungsschutzgesetz beinhaltet, dass eine einseitige Beendigung des Arbeitsverhältnisses durch den Arbeitgeber einen Kündigungsgrund voraussetzt. Das Kündigungsschutzgesetz kennt nur drei Kündigungsgründe[10], um einem Arbeitnehmer ordentlich kündigen zu dürfen:

- verhaltensbedingte Gründe
- betriebsbedingte Gründe
- personenbedingte Gründe

3.1. Die Abgrenzung einzelner Kündigungsarten nach dem KSchG

In der Praxis wird zwischen der verhaltensbedingten, der betriebsbedingten und der personenbedingten Kündigung unterschieden. Die Abgrenzung zur betriebsbedingten Kündigung fällt sehr leicht, da die Ursache der Störung beim vertraglichen Austausch zwischen Arbeit und Geld nicht in der Person des Arbeitnehmers liegt, sondern an betrieblichen Gründen auf Seitens des Arbeitgebers[11].

---

[7] Vgl. Arbeitsgesetze (ArbG), Nr. 20 KSchG, § 1 Abs. 1
[8] Vgl. Arbeitsgesetze (ArbG), Nr. 20 KSchG, § 23 Abs. 1
[9] Vgl. Arbeitsgesetze (ArbG), Nr. 20 KSchG, § 1 Abs. 1
[10] Vgl. Arbeitsgesetze (ArbG), Nr. 20 KSchG, § 1 Abs. 2
[11] Vgl. www.kuendigung.de

Die Abgrenzung zwischen verhaltensbedingter und personenbedingter Kündigung fällt oft sehr schwer. Dabei lässt sich die Frage nach der „Störungsursache" des Arbeitsverhältnisses ganz einfach beantworten:

- Liegt die Störung des Arbeitsverhältnisses zwischen dem Arbeitgeber und dem Arbeitnehmer im **„Wollen"** des Arbeitnehmers, handelt es sich um einen **verhaltensbedingten Kündigungsgrund**, da der Arbeitnehmer die Störung ändern könnte, aber es wohl nicht möchte.

- Liegt die Störung des Arbeitsverhältnisses dagegen im **„Können"** des Arbeitnehmers, liegt ein **personenbedingter Kündigungsgrund** vor, da der Arbeitnehmer die Störung nicht ändern kann, aber es sehr wahrscheinlich gerne möchte.

3.1.1. Die verhaltensbedingte Kündigung

Verhaltensbedingte Gründe für eine Kündigung sind gegeben, wenn die Ursachen für die Kündigung im Verhalten der Person bzw. des Arbeitnehmers liegen. Eine verhaltensbedingte Kündigung erfordert i.d.R. eine Abmahnung im Voraus. Mögliche verhaltensbedingte Gründe sind z.B. Arbeitsverweigerung, tätliche (körperliche) Auseinandersetzungen, Straftaten oder Nichteinhaltung von Betriebsvorschriften (z.B. Alkohol-/ Rauchverbot oder Pausenzeit).

3.1.2. Die betriebsbedingte Kündigung

Betriebsbedingte Gründe für eine Kündigung sind gegeben, wenn die Ursachen für die Kündigung nicht in der Person des Arbeitnehmers liegen, sondern an betrieblichen Gründen wie z.B. Produktionsverlagerung, Rationalisierung oder nachhaltige Auftrags- bzw. Gewinneinbußen[12].

3.1.3. Die personenbedingte Kündigung

Personenbedingte Gründe für eine Kündigung sind gegeben, wenn die Ursachen für die Kündigung objektiv in der Person des Arbeitnehmers liegen. Eine personenbedingte Kündigung beruht auf eine Störung des Arbeitsverhältnisses, die aufgrund der Leistungsminderung einer Person ausgesprochen wurde. Das bedeutet, dass der Arbeitnehmer die vertragliche Arbeitsleistung ganz oder teilweise nicht mehr erbringen kann. Eine personenbedingte Kündigung kommt besonders bei Krankheit des Arbeitnehmers (krankheitsbedingte Kündigung) in Betracht. Weitere personenbedingte

---

[12] Vgl. Unterrichtsaufschrieb vom 20.05.2011 - Arbeitsrecht

Kündigungsgründe sind z.B. die fehlende Eignung bzw. Qualifikation des Arbeitnehmers[13], die fehlende Arbeitserlaubnis oder auch mangelnde Leistung. Im Folgenden werden die krankheitsbedingten Gründe beschrieben.

Bei der Bearbeitung der weiteren Punkte wird vorausgesetzt, dass der Arbeitnehmer dem Kündigungsschutzgesetz unterliegt. Das bedeutet, dass der Arbeitgeber nicht nur für eine außerordentliche Kündigung, sondern auch für eine ordentliche Kündigung des Arbeitnehmers einen guten Grund benötigt, damit die Kündigung sozial gerechtfertigt ist. Sollte im Einzelfall das Kündigungsschutzgesetz keine Anwendung auf das jeweilige Arbeitsverhältnis finden, kann aus krankheitsbedingten Gründen eine ordentliche Kündigung erfolgen, da der Arbeitnehmer keinem Kündigungsschutz unterliegt[14].

4. Die krankheitsbedingte Kündigung als Spezialfall der personenbedingten Kündigung im Anwendungsbereich des KSchG

Die krankheitsbedingte Kündigung ist der wichtigste Fall der personenbedingten Kündigung. Als „krankheitsbedingte Kündigung" bezeichnet man eine vom Arbeitgeber ausgesprochene Kündigung, mit der einem Arbeitnehmer, der durch das KSchG geschützt ist, in rechtlich zulässiger Weise ordentlich gekündigt werden kann, da dieser aufgrund seiner Krankheit die vertraglich geregelte Arbeitsleistung künftig nicht mehr erbringen kann. Aus dem Grundsatz der Verhältnismäßigkeit muss der Arbeitgeber vor dem Ausspruch dieser Kündigung prüfen, ob eine Versetzung an einen anderen Arbeitsplatz bzw. eine Änderungskündigung ausreicht, um die Fehlzeiten mit einem weniger belastenden Arbeitsplatz zu verringern oder sogar ganz zu vermeiden. Die Versetzung des Arbeitnehmers ist natürlich nur dann sinnvoll, wenn dadurch auch eine Besserung des Gesundheitszustandes des Arbeitnehmers zu erwarten ist.

---

[13] Vgl. LAG-Urteil vom 01.07.2011 - 10 Sa 245/11
[14] Vgl. www.hensche.de

4.1. Der Krankheitsbegriff im Zusammenhang mit der Arbeitsunfähigkeit

„Unter einer Krankheit im medizinischen Sinne wird nach dem derzeitigen Erkenntnisstand der Wissenschaft ein ärztlich, diagnostizierbarer, nach außen in Erscheinung tretender, auf die Funktionstauglichkeit abgestellter Körper-, Geistes- oder Seelenzustand verstanden, der in der Regel durch eine ärztliche Heilbehandlung behoben, (...) gelindert oder zumindest vor einer drohenden Verschlimmerung bewahrt werden kann[15,16]."

Von dieser medizinischen Definition wird auch der arbeitsrechtliche Krankheitsbegriff abgeleitet, wobei die Krankheit stets eine Einschränkung der Leistungsfähigkeit des Arbeitnehmers voraussetzt bzw. mit einer Arbeitsunfähigkeit verbunden sein muss[17]. Das bedeutet, eine medizinisch festgestellte Krankheit wird erst dann arbeitsrechtlich wichtig, wenn sie den Arbeitnehmer daran hindert, seine vertraglich vereinbarte Arbeitsleistung zu erbringen[18]. Demzufolge liegt Arbeitsunfähigkeit nur dann vor, wenn der erkrankte Arbeitnehmer seine bisherige Arbeit nicht oder nur mit der Gefahr, in absehbarer Zeit seinen Gesundheitszustand zu verschlechtern, erbringen kann[19]. Eine krankheitsbedingte Arbeitsunfähigkeit hängt außerdem aber entscheidend von der Schwere der Erkrankung, der Art und der vertraglich zu erbringenden Arbeitsleistung ab.

Beispiel:

Es ist offensichtlich, dass die Heiserkeit bei einem Sänger zwangsläufig zur Arbeitsunfähigkeit führt, während die gleiche Erkrankung bei einem Fließbandarbeiter nicht automatisch die Arbeitsunfähigkeit zur Folge hat.

4.1.1. Besonderheiten der Arbeitsunfähigkeit

- **Arbeitsunfähigkeit durch Krankheit** bedeutet einen körperlichen oder geistigen Zustand eines Arbeitnehmers, der den Arbeitnehmer durch Unvermögen zur Arbeitsleistung oder Notwendigkeit zur Heilbehandlung, arbeitsunfähig macht. Schönheitsoperationen zählen nicht zu den Krankheiten hinzu.

- **Unverschuldete Erkrankung**, d.h. eine Krankheit des Arbeitnehmers, an der er unverschuldet erkrankt ist. Ausgenommen ist die Krankheit durch Verkehrsunfall infolge Alkoholeinfluss, durch tätliche (körperliche) Auseinandersetzungen, durch

---

[15] Vgl. Lepke, Kündigung bei Krankheit, S. 59-60
[16] Vgl. BAG-Urteil vom 05.04.1976 - 5 AZR 397/75
[17] Vgl. Lepke, Kündigung bei Krankheit, S. 62
[18] Vgl. Unterrichtsaufschrieb vom 18.03.2011 - Arbeitsrecht
[19] Vgl. Lepke, Kündigung bei Krankheit, S. 64-65

Verstöße gegen die Unfallverhütungsvorschriften oder durch Unfälle wegen gefährlicher Sportarten.

- **Arbeitsunfähigkeit durch Sportunfall**, Arbeitsunfähigkeit infolge von Sportunfällen führen zur Entgeltfortzahlung des Arbeitgebers[20]. Ausgenommen sind Krankheiten durch Unerfahrenheit, Überschätzung der eigenen Kräfte oder wenn der Arbeitnehmer sich untrainiert überfordert.

- **Erkrankung während des Erholungsurlaubs**, d.h. wird ein Arbeitnehmer während seines Urlaubs krank, so werden die durch ein ärztliches Attest nachgewiesenen Tage der Arbeitsunfähigkeit auf den Jahresurlaub nicht angerechnet[21]. Der Arbeitnehmer hat Recht auf Entgeltfortzahlung des Arbeitgebers[22].

4.2. Unterscheidung einzelner Fallgruppen

Die krankheitsbedingte Kündigung lässt sich in vier Fallgruppen unterscheiden[23]:

4.2.1. Langandauernde Krankheit

Eine Kündigung wegen einer langandauernden krankheitsbedingten Arbeitsunfähigkeit liegt vor, wenn der Arbeitnehmer, zum Zeitpunkt der ausgesprochenen Kündigung, seine geschuldete Arbeitsleistung längere Zeit aufgrund seiner Krankheit nicht erbringen konnte. Desweiteren muss zum Zeitpunkt der Kündigung das Ende der Erkrankung nicht absehbar gewesen sein.

4.2.2. Häufige Kurzerkrankungen

Bei häufigen Kurzerkrankungen ist die Sachlage etwas schwieriger, da durch immer wieder plötzlich auftretende Ausfallzeiten des Arbeitnehmers, nur die gesamte krankheitsbedingte Ausfallzeit für die Kündigung relevant sein kann.

4.2.3. Dauernde Arbeits- bzw. Leistungsunfähigkeit

Bei der dauernden Leistungsunfähigkeit kann der Zweck des Arbeitsvertrages auf Dauer nicht mehr erfüllt werden, da die geschuldete Arbeitsleistung aufgrund der Erkrankung nicht mehr erbracht werden kann und somit die Kündigung rechtfertigt[24].

---

[20] Vgl. Arbeitsgesetze (ArbG), Nr. 18 Entgeltfortzahlungsgesetz § 3 Abs. 1
[21] Vgl. Arbeitsgesetze (ArbG), Nr. 19 Bundesurlaubsgesetz § 9
[22] Vgl. Arbeitsgesetze (ArbG), Nr. 18 Entgeltfortzahlungsgesetz § 3 Abs. 1
[23] Vgl. BAG-Urteil vom 18.01.2007, 2 AZR 731/05
[24] Vgl. BAG-Urteil vom 19.04.2007- 2 AZR 239/06

4.2.4. Krankheitsbedingte Leistungsminderung

Wenn ein Arbeitnehmer aus gesundheitlichen Gründen seine vertraglich geregelte Leistung im Unternehmen nicht mehr erbringen kann oder seine Erkrankung zu einer Leistungsminderung bzw. einer Einschränkung der Leistungsfähigkeit führt und dadurch nur noch begrenzt einsetzbar ist, kann dieser personenbedingt gekündigt werden. Allerdings muss die Einschränkung zu einer erheblichen Minderung der quantitativen und qualitativen Leistungsfähigkeit führen[25].

4.3. Einzelaspekte der krankheitsbedingter Kündigung

4.3.1. Suchtprobleme

Alkohol- oder Drogensucht ist eine Krankheit. Deshalb zählen Kündigungen wegen Suchtproblemen als krankheitsbedingte Kündigungen[26]. Physische oder psychische Alkoholabhängigkeit liegt dann vor, wenn der gewohnheitsmäßige, übermäßige Alkoholgenuss trotz besserer Einsicht nicht aufgegeben oder verringert werden kann. Befindet sich der Alkoholmissbrauch noch in keinem Krankheitsstadium, kommt generell nur eine verhaltensbedingte Kündigung in Erwägung.

Liegt eine Suchterkrankung vor, muss der Arbeitgeber die negative Gesundheitsprognose prüfen[27]:

1. Vor einer Kündigung muss der Arbeitgeber herausfinden, ob der Arbeitnehmer die Bereitschaft zur Durchführung einer Therapie hat.
2. Ist der Arbeitnehmer von vornherein nicht therapiebereit, kann der Arbeitgeber davon ausgehen, dass er auch in absehbarer Zeit nicht geheilt werden kann (negative Prognose).
3. Ist der Arbeitnehmer dagegen therapiebereit, muss der Arbeitgeber ihm die Gelegenheit zu einer Entziehungskur geben[28].
4. Hat der Arbeitnehmer erfolgreich eine Therapie absolviert, und ist es ihm gelungen, längere Zeit zu verzichten, kann in einem Suchtrückfall ein schuldhaftes Verhalten liegen[29]. Dann kommt es zu einer verhaltensbedingte Kündigung.

---

[25] Vgl. BAG-Urteil vom 26.09.1991 - 2 AZR 132/91
[26] Vgl. BAG-Urteil vom 09.04.1987 – AZR 210/86
[27] Vgl. www.bwr-media.de
[28] Vgl. LAG-Urteil vom 19.09.1986 - 16 Sa 833/86

4.3.2. Außerordentliche Kündigung wegen Erkrankung

Eine außerordentliche Kündigung beendet das Arbeitsverhältnis ohne Einhaltung einer Kündigungsfrist gemäß § 626 Abs. 1 BGB. Sie ist nur zulässig, wenn der Kündigende einen wichtigen Grund für die fristlose Kündigung hat, der die Fortsetzung des Arbeitsverhältnisses bis zum Ablauf der Kündigungsfrist unzumutbar macht[30].

Mögliche Gründe für eine außerordentliche Kündigung:

- Diebstahl[31]
- Untreue
- Körperverletzung
- Arbeitsverweigerung
- Beleidigung
- gravierender Vertrauensbruch
- Verletzung der Arbeitsschutzbestimmungen
- Nichtzahlung erheblicher Lohnrückstände.

Bei Alkoholabhängigkeit des Arbeitnehmers käme eine personenbedingte, ordentliche Kündigung in Erwägung. Eine außerordentliche Kündigung wegen Krankheit ist nicht vollkommen ausgeschlossen jedoch kommt sie nur in besonderen Fällen in Betracht. Als Ausnahmefall gelten Arbeitnehmer, die nur noch außerordentlich fristlos gekündigt werden können. Besonderen Kündigungsschutz nach je eigenen Vorschriften genießen spezielle Gruppen von Arbeitnehmern wie Schwangere, Arbeitnehmer in Elternzeit oder während des Wehrdienstes, behinderte Menschen, Auszubildende, Betriebsratsmitglieder und tariflich unkündbare langjährige Arbeitnehmer. Da in solchen Fällen die ordentliche Kündigung ausgeschlossen ist, kann eine außerordentliche Kündigung in Erwägung gezogen werden, wenn zum Zeitpunkt der Kündigung auch künftig mit erheblichen Ausfallzeiten wegen Krankheit zu rechnen ist. Ansonsten ist die Krankheit des Arbeitnehmers i.d.R. nicht geeignet für einen wichtigen Grund einer außerordentlichen Kündigung. Vielmehr muss der Arbeitgeber, besonders bei der außerordentlichen Kündigung prüfen, ob vor Ausspruch einer solchen Kündigung nicht durch Versetzung oder Änderungskündigung entgegengewirkt werden kann.

---

[29] Vgl. BAG-Urteil vom 11.11.1987 - 5 AZR 497/86
[30] Vgl. BAG-Urteil vom 27.04.2006 - 2 AZR 386/05
[31] Vgl. BAG-Urteil vom 13.12.2007 - 2 AZR 537/06

Die außerordentliche Kündigung muss innerhalb von 14 Tagen nach Bekanntwerden des Kündigungsgrundes ausgesprochen werden[32]. Andernfalls ist die Kündigung unwirksam. Der Grund für die fristlose Kündigung muss im Kündigungsschreiben nicht angegeben werden. Der Kündigende muss dem Gekündigten aber auf Verlangen den Kündigungsgrund unverzüglich schriftlich mitteilen[33].

Auch bei außerordentlichen Kündigungen ist der Betriebsrat anzuhören.

4.4. Die Grundvoraussetzungen der krankheitsbedingten Kündigung

Obwohl zwischen den verschiedenen Ursachen der krankheitsbedingten Kündigung (vgl. Punkt 4.2.) unterschieden wird, hat das BAG dennoch ein eigenständiges System zur Prüfung der Sozialwidrigkeit einer wegen Krankheit ausgesprochenen Kündigung entwickelt, das grundsätzlich für alle vier Fallgruppen der krankheitsbedingten Kündigung gleichermaßen gilt. Danach ist die Wirksamkeit einer krankheitsbedingten Kündigung – abgesehen von den allgemeinen Voraussetzungen einer Kündigung – in drei Stufen zu prüfen: **„Negative Gesundheitsprognose"** hinsichtlich des voraussichtlichen Gesundheitszustandes des Arbeitnehmers, d.h. es müssen weitere krankheitsbedingte Fehlzeiten zu erwarten sein. **„Erhebliche Beeinträchtigung der betrieblichen Interessen"** aufgrund der krankheitsbedingten Fehlzeiten. **„Interessenabwägung"**, ob die erheblichen betrieblichen Beeinträchtigungen vom Arbeitgeber billigerweise nicht mehr hingenommen werden müssen. Es müssen alle drei Voraussetzungen **zusammen** vorliegen. Fehlt auch nur eine dieser Voraussetzungen, ist die Kündigung unwirksam[34].

5. Das Drei-Stufen-Schema zur Prüfung der krankheitsbedingten Kündigung

5.1. Negative Gesundheitsprognose

Die ständige Rechtsprechung des BAG beruht darauf, dass zum Zeitpunkt der Kündigung objektive Tatsachen vorliegen müssen, die darauf hinweisen, dass auch künftig mit weiteren krankheitsbedingten Fehlzeiten bzw. Leistungsminderung des Arbeitnehmers zu rechnen ist und somit eine negative Gesundheitsprognose für die Zukunft darstellen. Zur Begründung einer negativen Gesundheitsprognose kann der Arbeitgeber sowohl auf

---

[32] Vgl. BAG-Urteil vom 26.06.2008 - 2 AZR 190/07
[33] Vgl. Bürgerliches Gesetzbuch (BGB), § 626 Abs. 2
[34] Vgl. BAG-Urteil vom 12.04.2002 – AZR 148/01

vergangenheitsbezogene häufige Kurzerkrankungen, als auch auf langanhaltende Krankheiten zurückgreifen. Grundsätzlich können nur die Fehlzeiten angerechnet werden, deren Fortsetzung bzw. Wiederholung zu befürchten ist. Dies können Maßnahmen der medizinischen Vorsorge, Rehabilitation und insbesondere Kuren und Heilverfahren sein. Krankheitsbedingte Fehlzeiten, die auf einer einmaligen Krankheit beruht haben wie z.B. ein Beinbruch, sind nicht zu berücksichtigen[35].

5.1.1. Negative Gesundheitsprognose bei langanhaltenden Krankheiten

Beabsichtigt ein Unternehmen, sich von seinem „kranken" Arbeitnehmer, der seit längerer Zeit arbeitsunfähig ist, zu trennen, so hat der Arbeitgeber zu prüfen, ob objektive Tatsachen vorliegen, die auf eine weitere Arbeitsunfähigkeit von unbestimmter Dauer hinweisen.

Die langanhaltende Krankheit berechtigt den Arbeitgeber deshalb zur Kündigung, weil die Wiederherstellung der Arbeitsfähigkeit des Arbeitnehmers, im Zeitpunkt des Zugangs der Kündigung völlig ungewiss ist und gerade diese Ungewissheit unzumutbare betriebliche Auswirkungen zur Folge hat[36]. Eine negative Gesundheitsprognose ist zu befürworten, wenn die Arbeitsfähigkeit bei Zugang der Kündigung noch besteht und der Zeitpunkt der Wiederherstellung der Leistungsfähigkeit für voraussichtlich längere oder nicht absehbare Zeit andauert[37,38].

Ist der Arbeitnehmer in maßgeblichen Zeitpunkt des Zugangs der Kündigung arbeitsfähig, kann keine negative Gesundheitsprognose erstellt werden.

Die bisherige Dauer der Arbeitsunfähigkeit in der Vergangenheit ist derweil unerheblich. Für eine Prognose aufgrund Erkrankungen in der Vergangenheit bestehen i.d.R. keine Anhaltspunkte, es sei denn, der Arbeitnehmer fiel schon einmal wegen derselben Krankheitsursache aus. Das BAG hat folgende Regel aufgestellt:

> „Steht aufgrund ärztlichem Gutachten fest, dass mit einer Genesung des Arbeitnehmers innerhalb 24 Monaten nach Ausspruch der Kündigung nicht gerechnet werden kann, steht diese Ungewissheit einer krankheitsbedingten dauernden Arbeitsunfähigkeit rechtlich gleich[39]."

---

[35] Vgl. BAG-Urteil vom 12.04.2002 – AZR 148/01
[36] Vgl. BAG-Urteil vom 29.04.1999 – 2 AZR 431/98
[37] Vgl. BAG-Urteil vom 25.11.1982 – 2 AZR 140/81 – AP Nr. 7
[38] Vgl. LAG-Urteil vom 29.07.2009 - L 9 AL 129/08
[39] Vgl. BAG-Urteil vom 12.04.2002 – AZR 148/01

Eine Kündigung kann deshalb, wenn eine negative Prognose besteht, bereits ausgesprochen werden, bevor der sechswöchige Entgeltfortzahlungszeitraum verstrichen ist, ohne dass sie notwendig sozialwidrig wäre.

5.1.2. Negative Gesundheitsprognose bei häufigen Kurzerkrankungen

Bei der Kündigung wegen Kurzerkrankungen liegt der Schwerpunkt des Kündigungsgrundes in den durch sie ausgelösten betrieblichen oder wirtschaftlichen Belastungen und der dadurch begründeten Gefahr der Wiederholung von krankheitsbedingten Ausfällen im bisherigen Umfang. Im Zeitpunkt des Zugangs der Kündigung müssen objektive Tatsachen vorliegen, die die Annahme weiterer Erkrankungen im bisherigen Umfang rechtfertigen[40]. Häufige Kurzerkrankungen in der Vergangenheit können für eine entsprechende Entwicklung des Krankheitsbilds sprechen. Krankheitsbedingte Fehlzeiten in der Vergangenheit sind jedoch nur deshalb wichtig, da sie auf die Gefahr zukünftiger Erkrankungen hinweisen. Für die Erstellung einer negativen Prognose jedoch, dürfen alle Erkrankungen der Vergangenheit, die ausgeheilt sind oder für die es wirklich keine Wiederholungsgefahr gibt, nicht berücksichtigt werden[41]. Aus diesem Grund werden Unfälle und alle offensichtlich einmaligen Gesundheitsschäden nicht berücksichtigt. Damit die Fehlzeiten auch aus der Vergangenheit zur negativen Gesundheitsprognose berücksichtigt werden können, müssen sie sich über einen Zeitraum von mindestens zwei Jahren erstrecken[42].

Bei häufigen Kurzerkrankungen aus immer gleichem Krankheitsgrund ist durchaus eine negative Zukunftsprognose sinnvoll. Der Arbeitnehmer kann durch Entbindung der Schweigepflicht seines Arztes nachweisen, dass er bald wieder gesund ist und deshalb besonders hohe Fehlzeiten in der Zukunft ausgeschlossen werden können. In dem Fall muss man jedoch die einzelnen Krankheitssymptome getrennt voneinander prüfen und einschätzen, ob die einzelnen Erkrankungen auf eine Krankheit zurückzuführen sind und somit keine Wiederholungsgefahr mehr besteht.

5.1.3. Negative Gesundheitsprognose bei Leistungsminderung

Die Feststellung einer negativen Gesundheitsprognose im Fall der krankheitsbedingten Leistungsminderung ist i.d.R. sehr unkompliziert, wenn die Leistungsbeeinträchtigung auf eine chronische oder nicht heilbare Erkrankung zurückzuführen ist. In diesen Fällen ergibt sich die negative Gesundheitsprognose schon aus der Krankheit selbst.

---

[40] Vgl. BAG-Urteil vom 10.11.2005 – 2 AZR 44/05
[41] Vgl. BAG-Urteil vom 29.07.1993 – 2 AZR 155/93 – AP Nr. 27
[42] Vgl. BAG-Urteil vom 07.11.2002 – 2 AZR 599/01 – AP Nr. 40

5.1.4. Negative Gesundheitsprognose bei dauernder Leistungsunfähigkeit

Ebenso unkompliziert ist die Feststellung der negativen Gesundheitsprognose im Fall der dauernden krankheitsbedingten Leistungsunfähigkeit, die vertraglich geschuldete Arbeitsleistung zu erbringen[43]. In dem Fall steht durch die Krankheit schon fest, dass der Arbeitnehmer niemals mehr in der Lage sein wird, die von ihm geschuldete Arbeitsleistung zu erbringen[44].

5.2. Erhebliche Beeinträchtigung der betrieblichen Interessen

Eine negative Zukunftsprognose oder die sicher zu ahnenden weiteren Fehlzeiten rechtfertigen aber noch keine Kündigung. Eine Kündigung ist erst dann gerechtfertigt, wenn die Auswirkungen der Erkrankungen zu einer erheblichen Beeinträchtigung der betrieblichen Interessen führen bzw. schon geführt haben. Bezüglich der beschriebenen Fallgruppen (siehe Punkt 4.2.) der krankheitsbedingten Kündigung muss der Arbeitgeber die Beeinträchtigung der betrieblichen Interessen konkret darlegen, d.h. die krankheitsbedingten Fehlzeiten müssen entweder zu Störungen des Betriebsablaufs oder aber zu erheblichen wirtschaftlichen Belastungen führen.

5.2.1. Schwerwiegende Störungen im Betriebsablauf

Eine genaue Definition einer schwerwiegenden Störung im Betriebsablauf gibt es in der Praxis nicht. Unter Störungen allgemein versteht man die Störung des Produktionsprozesses, wie z.b. der Stillstand von Maschinen, die Störung im Ablauf der Dienstleistungen oder die Überlastung des verbleibenden Personals. Weitere Betriebsablaufstörungen sind z.B. Produktionsausfälle, Überstunden anderer Arbeitnehmer, Verzögerung von Auftragsabwicklungen oder Einarbeitungszeiten des Ersatzpersonals. Als wichtiger Kündigungsgrund sind sie aber nur geeignet, wenn sie nicht durch Überbrückungsmaßnahmen, wie z.B. die Einstellung von Aushilfskräften oder den Einsatz von Arbeitskräften aus der Personalreserve, vermieden werden können. Großunternehmen werden i.d.R. durch die vorgehaltene Personalreserve besser auf krankheitsbedingte Fehlzeiten reagieren können als Kleinunternehmen.

Kann ein Unternehmen die krankheitsbedingten Ausfälle mit Überbrückungsmaßnahmen ausgleichen, liegt objektiv keine schwerwiegende Störung im Betriebsablauf vor.

---

[43] Vgl. BAG-Urteil vom 19.04.2007 - 2 AZR 239/06
[44] Vgl. www.rae-hoss.de

5.2.2. Erhebliche wirtschaftliche Belastung des Arbeitgebers

Wenn schwerwiegende Störungen im Betriebsablauf keine krankheitsbedingte Kündigung rechtfertigen können, muss der Arbeitgeber seine unzumutbare wirtschaftliche Belastung darlegen.

Da jedes vertraglich geregelte Arbeitsverhältnis ein Austauschverhältnis zwischen Leistung und Gegenleistung ist, kommt es durch die Krankheit des Arbeitnehmers zum Ungleichgewicht, da hohe Lohnfortzahlungskosten ohne Gegenleistung an den Arbeitnehmer ausgezahlt werden müssen[45]. Neben den hohen Lohnfortzahlungskosten bei Krankheit gehören auch alle dadurch entstanden Mehrkosten dazu, die dem Arbeitgeber durch Überbrückungsmaßnahmen entstehen.

Zwar ist die Fortzahlung der Vergütung im Krankheitsfall auf sechs Wochen im Kalenderjahr beschränkt vgl. § 3 Entgeltfortzahlungsgesetz, aber diese Beschränkung gilt nur für ein und dieselbe Erkrankung. Ist ein Arbeitnehmer z.B. aus verschiedenen Krankheitsursachen krank, so wird der sechswöchige Lohnfortzahlungszeitraum immer wieder neu ausgelöst. Das bedeutet, dass trotz der zeitlichen Begrenzung der Entgeltfortzahlung, erhebliche Lohnfortzahlungen auf ein Unternehmen zukommen können, die den vom Gesetzgeber geregelten Sechs-Wochen-Zeitraum deutlich übersteigen und dadurch eine erhebliche wirtschaftliche Belastung für den Arbeitgeber darstellen[46,47]. Allerdings dürfen nur die Lohnfortzahlungskosten berücksichtigt werden, die auch ausschlaggebend für die in der negativen Gesundheitsprognose angegeben Fehlzeiten sind, da bei einmaligen Erkrankungen ohne Wiederholungsgefahr erneute Lohnfortzahlungskosten voraussichtlich nicht mehr anfallen werden und somit keine zukünftige wirtschaftliche Belastung darstellen.

Zu beachten ist, dass die wirtschaftliche Belastung des Arbeitgebers unterschiedliche finanzielle Auswirkungen hat, durch Lohnfortzahlungen wegen häufigen Kurzerkrankungen und langandauernden Krankheiten. Bei häufiger Kurzerkrankung muss der Arbeitgeber immer wieder Lohnfortzahlungen leisten, soweit die Voraussetzungen des § 3 EFZG erfüllt sind. Während bei der langanhaltenden Krankheit dagegen, das Lohnfortzahlungsrisiko durch den Anspruchszeitraum von sechs Wochen begrenzt ist.

---

[45] Vgl. BAG-Urteil vom 08.11.2007 - 2 AZR 292/06
[46] Vgl. BAG-Urteil vom 25.11.1982 – 2 AZR 140/81
[47] Vgl. BAG-Urteil vom 29.07.1993 – 2 AZR 155/93

5.3. Interessenabwägung

Liegt nach den bis zu diesem Punkt geschilderten Grundsätzen ein Kündigungsgrund gemäß § 1 Kündigungsschutzgesetz vor, so muss in der dritten Stufe die Interessenabwägung geprüft werden. Die Gerichte vergleichen das Interesse des Arbeitnehmers mit dem Interesse des Arbeitgebers an der Auflösung des Arbeitsverhältnisses. Beim Arbeitgeber wird hauptsächlich geprüft, ob die festgestellten Beeinträchtigungen noch hinzunehmen oder bereits unzumutbar sind. Die Feststellung einer unzumutbaren Beeinträchtigung ist nicht mehr Teil des Kündigungsgrundes, sondern Teil der allgemeinen Interessenabwägung zur Beurteilung der Sozialwidrigkeit[48,49].

Bei der Interessenabwägung sind folgende Punkte zu berücksichtigen:

- Vorrang milderer Mittel

Begründet mit dem Grundsatz der Verhältnismäßigkeit und der Fürsorgepflicht, kommt eine Beendigungskündigung erst in Erwägung, wenn keine Möglichkeit zu einer anderen Beschäftigung, ggf. unter schlechteren Arbeitsbedingungen, besteht[50]. Eine Versetzung des kranken Arbeitnehmers ist aber nur dann sinnvoll, wenn dadurch auch der Gesundheitszustand des kranken Arbeitnehmers verbessert werden könnte und mit weniger gravierenden Betriebsstörungen zu rechnen ist[51].

- Dauer des gestörten Ablaufs des Arbeitsverhältnisses

Man muss nachprüfen, ob das bisherige Arbeitsverhältnis krankheitsbedingt gestört oder eher ungestört verlaufen ist. Je länger das Arbeitsverhältnis ungestört bestanden hat, desto mehr Rücksichtnahme ist vom Arbeitgeber zu erwarten. Bei einem Arbeitnehmer, der z.B. zwanzig Jahre zur vollen Zufriedenheit des Arbeitgebers gearbeitet hat und dann erst häufig krank wird sollte der Arbeitgeber mehr Rücksichtnahme zeigen, als bei einem Arbeitnehmer, der seit dem ersten Jahr der Betriebszugehörigkeit hohe krankheitsbedingte Fehlzeiten hat. Ungestört in diesem Sinne ist ein Arbeitsverhältnis aber nur dann, wenn es wirklich überhaupt keine krankheitsbedingten Fehlzeiten nachweist. Im Rahmen der Interessenabwägung sind somit sämtliche Krankheiten unabhängig von ihrer Dauer zu berücksichtigen.

---

[48] Vgl. BAG-Urteil vom 24.11.2005 - 2 AZR 514/04
[49] Vgl. www.arbeitsrechtsforum-hannover.de
[50] Vgl. BAG-Urteil vom 19.04.2007 - 2 AZR 239/06
[51] Vgl. BAG-Urteil vom 29.01.1997 - 2 AZR 9/96

- Bestehen einer Personalreserve

Desweiteren scheint es gerechtfertigt, dass von dem Arbeitgeber, der eine Personalreserve vorhält, weniger Überbrückungsmaßnahmen verlangt werden sollten, als von einem Arbeitgeber gleicher Branche und ähnlicher Größe, der keine Personalreserve vorhält. Denn gerade diese Arbeitgeber zeigen großes Interesse, dass krankheitsbedingte Kosten und Produktionsausfälle so weit wie möglich vermieden werden. Die Zumutbarkeitsgrenze des Arbeitgebers sollte in diesem Fall gesenkt werden, da zu den eigentlichen Kosten der Personalreserve noch hohe Lohnfortzahlungskosten hinzukommen.

Mit dieser Begründung des Bundesarbeitsgerichts soll vermieden werden, dass der Arbeitgeber, der durch die Bereitstellung einer Personalreserve auf seine Arbeitnehmer Rücksicht nimmt, gegenüber dem Arbeitgeber, der sich diese Kosten spart, benachteiligt wird. Jedoch sollte diese Auslegung nicht so weit reichen, dass es den Arbeitgebern, die keine Personalreserve vorhalten, eine krankheitsbedingte Kündigung aufgrund erheblicher Lohnfortzahlungskosten generell nicht erlaubt[52]. In diesem Zusammenhang wird darauf hingewiesen, dass das Kündigungsschutzgesetz auch keine Personalreserve als Kündigungsvoraussetzung verlangt.

- Fehlzeitenvergleich zu anderen Arbeitnehmern

Es muss auch nachgeprüft werden, wann einem Unternehmen die Weiterbeschäftigung eines häufig erkrankten Arbeitnehmers nicht mehr zuzumuten ist. Deswegen muss die Fehlzeitensituation im Betrieb oder zumindest in der jeweiligen Abteilung insgesamt beurteilt werden. Zeigt der Vergleich, dass die Kollegen bei vergleichbarer Tätigkeit bzw. unter gleichen Bedingungen, genauso hohe Fehlzeiten haben, ist die krankheitsbedingte Kündigung nur dann gerechtfertigt, wenn die Fehlzeiten des gekündigten Arbeitnehmers erheblich höher liegen[53].

- Ursache der Erkrankung

Auch die Ursache der Erkrankung kann in der Interessenabwägung eine entscheidende Rolle spielen. Behauptet der Arbeitnehmer, dass die Erkrankung auf betriebliche Ursachen zurückzuführen ist, so hat der Arbeitgeber, nach der Rechtsprechung des BAG die Darlegungs- und Beweislast dafür, dass ein solcher Zusammenhang nicht besteht.

---

[52] Vgl. BAG-Urteil vom 29.07.1993 – 2 AZR 155/93
[53] Vgl. BAG-Urteil vom 10.05.1990 – 2 AZR 580/89

- Aussichten auf dem Arbeitsmarkt

Die Aussichten auf dem Arbeitsmarkt für den krankheitsbedingten Arbeitnehmer sollen nach der Rechtsprechung des Bundesarbeitsgerichts auch in die Interessenabwägung einfließen. Eine schwere Vermittelbarkeit des kranken Arbeitnehmers kann für sich alleine jedoch nicht zur Unwirksamkeit der Kündigung führen.

- Höhe der gesamten Lohnfortzahlungskosten

Im letzten Punkt ist die Belastung mit Lohnfortzahlungskosten zu nennen. Im Gegensatz zur zweiten Prüfungsstufe, wo nur die Lohnfortzahlungskosten der Erkrankungen, die zur Prognose zählen herangezogen werden dürfen, sind in der Interessenabwägung sämtliche Lohnfortzahlungskosten zu berücksichtigen. Das Bundesarbeitsgericht bezeichnete eine Überschreitung der Sechs-Wochen-Frist um 50 %, d.h. 15 Tage, bereits als „erhebliche" Belastung des Arbeitgebers. Muss das Unternehmen in einem Jahr z.B. für 60 Tage, d.h. Verdoppelung des gesetzlichen Sechs-Wochen-Zeitraums, Entgeltfortzahlung leisten, so ist dies als „außerordentlich" hoch einzustufen und führt daher zu einer nicht mehr zumutbaren Belastung des Arbeitgebers.

5.4. Kritik am 3-Stufen-Schema

Bei der Kündigung eines Arbeitsvertrages sollten nur die Tatsachen berücksichtigt werden, die sich aus Sinn und Zweck des Vertrages ergeben. Für die Beurteilung eines Kündigungsgrundes wird deshalb die Arbeitsmarktlage in der Literatur als „unbedeutend" bezeichnet, da dieser Umstand nichts mit dem Arbeitsverhältnis zu tun hat.

In den oben genannten Punkten der Interessenabwägung wird eine Vielzahl von zu berücksichtigenden Kriterien genannt, ohne aber die einzelnen Kriterien untereinander zu bewerten. Die Rechtsprechung lässt völlig offen, welchen Kriterien sie mehr Bedeutung zukommen lässt und welchen weniger. Dadurch wird eine Prognose der Bewertung zum Vorteil oder Nachteil der entsprechenden Vertragsparteien unmöglich.

Auch die Anwendung des Drei-Stufen-Schemas in der Praxis ist kritisch anzusehen. Der Arbeitgeber muss in der Lage sein für die gravierenden Störungen im Betriebsablauf detaillierte Beweise vorzulegen, für welchen Zeitraum jedoch ist in der Rechtsprechung völlig ungewiss. Deshalb müsste eigentlich schon im Voraus jede Auswirkung auf den Betriebsablauf durch einen kranken Arbeitnehmer genau dokumentiert werden, damit der

Arbeitgeber später eine mögliche krankheitsbedingte Kündigung mit Beweisen rechtfertigen kann. Für ein Großunternehmen wäre die Folge wahrscheinlich, die Einstellung von zusätzlichem Personal, allein für die Dokumentierung der krankheitsbedingten Ausfallzeiten und der damit verbundenen Auswirkungen auf den Betriebsablauf.

Außerdem verlangt das Gesetz[54] für eine zulässige krankheitsbedingte Kündigung nur vorliegende Tatsachen und nur diese bilden auch den Maßstab für die Zumutbarkeit eines Arbeitgebers. Das Drei-Stufen-Schema verlangt aber, dass gerade die zukünftigen Tatsachen, die ausschlaggebenden Gründe für die soziale Rechtfertigung einer krankheitsbedingten Kündigung sind. Das Problem liegt in der Vorhersage von Tatsachen für die Zukunft. Diese Tatsachen sind nur Vermutungen, d.h. völlig ungewiss und lassen somit keinen vollständigen Beweis zu. Die Arbeitgeber können nicht genau feststellen, wann von einer negativen Gesundheitsprognose auszugehen ist, um einem Arbeitnehmer krankheitsbedingt kündigen zu können. Die Folge ist, wenn es zu einer Kündigungsschutzklage kommt, dass der vor Ausspruch der Kündigung zugrunde liegende Sachverhalt erst im Kündigungsschutzprozess vor Gericht aufgeklärt wird.

Außerdem möchte ich die vielen unbestimmten Rechtsbegriffe kritisieren. Den Arbeitgebern fällt es in der Praxis sicher schwer, zu bestimmen, wann besonders hohe Belastungen, wann erhebliche Beeinträchtigungen und wann außergewöhnlich oder extrem hohe Lohnfortzahlungskosten bei ihm erreicht sind, um eine krankheitsbedingte Kündigung rechtswirksam aussprechen zu können.

6. Die Mitwirkung des Betriebsrates bei krankheitsbedingten Kündigungen

Der Betriebsrat ist generell vor dem Ausspruch einer Kündigung des Arbeitgebers, gemäß § 102 Abs. 1 Betriebsverfassungsgesetz (BetrVG) anzuhören. Eine, ohne Anhörung des Betriebsrates ausgesprochene Kündigung ist gemäß § 102 Abs. 1, Satz 3 BetrVG rechtsunwirksam, unabhängig von Art und Inhalt der Kündigungsgründe[55]. Aus diesem Grund ist der Arbeitgeber verpflichtet, die einzelnen Gründe, die ihn zur Kündigung veranlassen, dem Betriebsrat mitzuteilen.

---

[54] Vgl. Bürgerliches Gesetzbuch (BGB), § 626 Abs. 1
[55] Vgl. www.betriebsrat.com

Nun stellt sich die Frage, inwieweit die Informationspflicht des Arbeitgebers gegenüber dem Betriebsrat gilt, um im Falle einer krankheitsbedingten Kündigung eine ordnungsgemäße Anhörung zu gewährleisten.

Es reicht nicht aus, wenn der Arbeitgeber nur auf die wiederholten Fehlzeiten aufgrund Krankheit bzw. auf eine langanhaltende Krankheit verweist und somit die Kündigung begründet. Er muss darüber hinaus die Art der Erkrankungen, soweit sie ihm bekannt sind, sowie die Dauer und Anzahl der bisherigen Ausfallzeiten und deren Beeinträchtigung der wirtschaftlichen und betrieblichen Interessen darlegen. Das Bundesarbeitsgericht (BAG) verlangt zu Recht eine so ausführliche Informationspflicht, da dies Hauptbestandteile des Kündigungsgrundes sind[56].

- Für die negative Gesundheitsprognose muss der Arbeitgeber dem Betriebsrat mitteilen, aus welchen Umständen heraus er die die Wiederherstellung der Arbeitsfähigkeit für nicht absehbar hält bzw. ob Fortsetzungserkrankungen vorliegen oder mit solchen zu rechnen ist.
- Bei der Beeinträchtigung der betrieblichen Interessen muss aufgezeigt werden, welche konkreten betrieblichen Störungen durch die Entlassung des kranken Arbeitnehmers behoben werden sollen und warum eine Weiterbeschäftigung des kranken Arbeitnehmers, an einem anderen Arbeitsplatz nicht möglich ist. Wird die Beeinträchtigung der betrieblichen Interessen mit der hohen wirtschaftlichen Belastung durch die Entgeltfortzahlung während der Krankheit begründet, so sind die bereits entstandenen Kosten dem Betriebsrat mitzuteilen.

Kommt der Betriebsrat zu dem Entschluss, dass er gegen die krankheitsbedingte Kündigung Bedenken hat, so hat er diese unter Angabe der Gründe dem Arbeitgeber schriftlich und innerhalb einer Woche, gemäß § 102 Abs. 2 BetrVG mitzuteilen bzw. gemäß § 102 Abs. 3 BetrVG schriftlich zu widersprechen. Äußert sich der Betriebsrat innerhalb dieser Frist nicht, gilt seiner Zustimmung zur Kündigung als erteilt.

Widerspricht der Betriebsrat jedoch ordnungsgemäß nach § 102 Abs. 3 BetrVG, ergeben sich für den Arbeitnehmer positive Rechtsfolgen heraus:

---

[56] Vgl. BAG-Urteil vom 26.09.1991 – 2 AZR 132/91

- Zum Einen hat der Arbeitnehmer die Möglichkeit eine Kündigungsschutzklage zu erheben, wobei der Arbeitgeber nach § 102 Abs. 4 BetrVG verpflichtet ist, diesen Arbeitnehmer bis zum rechtskräftigen Urteil des Rechtsstreites unter unveränderten Arbeitsbedingungen weiter zu beschäftigen.
- Zum Anderen ergibt sich aus dem § 1 Abs. 1 KSchG, dass eine Kündigung sozial ungerechtfertigt ist, wenn sie gegen eine Auswahlrichtlinie verstößt oder der Arbeitnehmer an einem anderen Arbeitsplatz weiter beschäftigt werden könnte. Die Anforderungen an die Begründung des Betriebsrates, bezüglicher einer anderweitigen Beschäftigung, wird in der Rechtsprechung nicht einheitlich angesehen. Während eine allgemeine Umschreibung einer anderweitigen Beschäftigung zugelassen wird, verlangen andere die konkrete Benennung des freien Arbeitsplatzes vom Betriebsrat.

Eine Übersicht über die Anhörung und Handlungsmöglichkeit des Betriebsrates befindet sich im Anhang.

7. Abmahnung erforderlich?

Die Abmahnung dient dazu, arbeitsvertragswidriges Verhalten des Arbeitnehmers zu rügen. Der Arbeitgeber bringt dadurch zum Ausdruck, dass er nicht bereit ist, dieses Verhalten zu dulden. Gleichzeitig warnt er damit vor der Folge - nämlich einer möglichen Kündigung - bei weiteren gleichartigen Verstößen[57].

Eine Abmahnung zählt als Vorstufe zur verhaltensbedingten Kündigung. Der grundsätzliche Unterschied zu einer krankheitsbedingten Kündigung liegt darin, dass bei einer verhaltensbedingten Kündigung i.d.R. ein Verschulden des Arbeitnehmers vorliegen muss. Die Krankheit begründet aber kein Verschulden. Deshalb kann eine Abmahnung allein wegen krankheitsbedingter Fehlzeiten grundsätzlich nicht erfolgen, da keine arbeitsvertraglichen Pflichten vom Arbeitnehmer verletzt wurden. In diesem Fall wäre der Zweck einer arbeitsrechtlichen Abmahnung nicht angebracht, da es sich nicht im „Wollen" des Arbeitnehmers liegt, künftig solche Fehlzeiten zu vermeiden, soweit es sich um arbeitsunfähige Erkrankungen handelt.

Der Arbeitnehmer würde wahrscheinlich anders mit seiner Krankheit umgehen, wenn er wüsste, dass sein Arbeitsplatz dadurch gefährdet sei. Hätte der Arbeitgeber jedoch die

---

[57] Vgl. BAG 17.02.1994 – 2 AZR 616/93

Pflicht, vor einer krankheitsbedingten Kündigung, eine Abmahnung auszusprechen, würde die Gefahr bestehen, dass der Arbeitnehmer aus purer Angst seinen Arbeitsplatz zu verlieren, Arbeitsleistungen erbringt, obwohl er dadurch seine Gesundheit gefährdet bzw. verschlechtert.

Deshalb ist von einer Pflicht des Arbeitgebers, vor einer krankheitsbedingten Kündigung eine Abmahnung auszusprechen, abzusehen[58].

8. Die Darlegungs- und Beweislast bei Kündigungen wegen Krankheit

Nach § 1 Abs. 2 Satz 4 KSchG hat der Arbeitgeber die Tatsachen zu beweisen, die die Kündigung bedingen. Das bedeutet, der Arbeitgeber muss dem Gericht aufzeigen, dass zum Zeitpunkt des Kündigungszuganges eine negative Gesundheitsprognose zu erwarten war, dass durch die Krankheit des Arbeitnehmers erheblich betriebliche Beeinträchtigungen oder eine unzumutbare wirtschaftliche Belastung vorlagen und dass nur durch die Kündigung und nicht durch ein anderes milderes Mittel die Störung des Arbeitsverhältnisses in für beide Vertragsparteien zumutbarer Weise beseitigt werden konnte. Allerdings wird in der Praxis oft versucht, die Beweislast umzukehren und dies geht somit, zu Unrecht, in die Richtung einer Gegenbeweisführung des Arbeitnehmers.

Der Arbeitgeber tritt die Darlegung durch einen Sachvortrag an. Dieser muss die Auflistung der krankheitsbedingten Fehlzeiten, eine negative Gesundheitsprognose, einen Fehlzeitenvergleich der Abteilung oder des Gesamtbetriebes, die Ausstattung der Personalreserve, die Darstellung der Lohnfortzahlungskosten und ein Störungsprotokoll[59] beinhalten. Desweiteren muss er darlegen, dass eine Versetzung an einen anderen Arbeitsplatz nicht möglich war bzw. dass an einem anderen Arbeitsplatz voraussichtlich ebenfalls mit Erkrankungen des Arbeitnehmers zu rechnen gewesen sei. Sollte der Arbeitgeber die Möglichkeit einer Versetzung nicht überprüft haben, so ist die Kündigung nicht ohne weiteres sozialwidrig. Vielmehr kommt es darauf an, ob zum Zeitpunkt der Kündigung die Möglichkeit einer Versetzung bestanden habe oder nicht.

Die Gerichte in Deutschland akzeptieren sowohl allgemeine Vorträge, die nur kurz die Sachlage schildern, als auch konkrete Vorträge die darlegen welcher Mitarbeiter, wann

---

[58] Vgl. www.bwr-media.de
[59] Vgl. BAG-Urteil vom 23.09.1992 - 2 AZR 63/92

und in welchem Umfang Überstunden geleistet hat und ob man durch die Personalreserve die Fehlzeiten überbrücken konnte[60].

9. Fazit

Die vielen Kriterien, die für eine krankheitsbedingte Kündigung zu berücksichtigen sind, zeigen, wie schwer es ist vorherzusagen, ob eine krankheitsbedingte Kündigung rechtlich gerechtfertigt ist oder als sozialwidrig angesehen wird. Außerdem können aus den aufgezeigten Grundsätzen Maßstäbe hergeleitet werden, an denen eine krankheitsbedingte Kündigung gemessen werden kann. Meiner Meinung nach bieten die aufgestellten Maßstäbe nur beschränkt eine rechtliche Orientierungssicherheit, Verlässlichkeit und Vorhersehbarkeit, da die Gerichte immer auf den Einzelfall und die besonderen Umstände hinweisen. Ich finde jedoch, dass Gerichtsurteile für die beteiligten Parteien in einem gewissen Rahmen auch vorhersehbar sein sollten.

Aber muss es erst zu einer krankheitsbedingten Kündigung kommen? Nach Einschätzungen von Experten beruhen viele „krankheitsbedingte" Fehlzeiten auf der Motivation der Arbeitnehmer. Demzufolge handelt es sich in den meisten Fällen um häufige Kurzerkrankungen. Somit komme ich zu dem Entschluss, dass viele Fehlzeiten auf nicht „arbeitsunfähige" Krankheiten hervorgehen und somit durch das Unternehmen beeinflussbar sind. In Punkt 7 habe ich erläutert, dass im krankheitsbedingten bzw. personenbedingten Fall, keine Abmahnung gerechtfertigt ist. Würde jedoch ein Arbeitnehmer eine Abmahnung erhalten, würde sich dieser, wahrscheinlich aus Sorge um seinen Arbeitsplatz, um weniger Fehlzeiten bemühen. Rechtlich gesehen erscheint das Mittel der Abmahnung jedoch nicht geeignet, dem Arbeitnehmer seine möglichen Folgen durch krankheitsbedingte Fehlzeiten aufzuzeigen.

Deshalb bin ich der Meinung, dass in der Praxis mehr „Mitarbeitergespräche" durchgeführt werden sollten. Dadurch kann das Unternehmen Vertrauen zum Arbeitnehmer aufbauen und mögliche Ursachen für Fehlzeiten herausfinden. Vorteilhaft wären auch sogenannte Rückkehrgespräche in der Praxis, diese werden nach der jeweiligen Fehlzeit mit dem Arbeitnehmer geführt. Diese Gespräche bezwecken, dem Arbeitnehmer ein Gefühl zu vermitteln, dass man ihn im Unternehmer vermisst hat und ihn braucht. Dies könnte zur Steigerung der Motivation und des Selbstwertgefühls des Arbeitnehmers führen. Bei sogenannten Krankengesprächen versucht der Arbeitgeber die Gründe für die Fehlzeiten

---

[60] Vgl. www.arbeitsrechtsberater-berlin.de

zu ermitteln. Diese könnten Arbeitsbedingungen, Arbeitsklima oder ähnliches sein. Aus diesen Gesprächen könnten Maßnahmen entwickelt werden, um in Zukunft die Fehlzeiten zu reduzieren. Durch diese Gespräche zwischen Arbeitgeber und Arbeitnehmer wird gegenseitiges Verständnis für die einzelnen Probleme vermittelt und sie führen möglicherweise zu einer Verringerung der Fehlzeiten im Unternehmen. Außerdem wird im Krankheitsfall des Arbeitnehmers, die Kommunikation zwischen Arbeitgeber und Arbeitnehmer offensichtlich zu besseren Lösungen führen als beim einseitigen Versuch des Arbeitgebers.

Zum Schluss möchte ich nochmal darauf hinweisen, dass meiner Meinung durch mitarbeiterfreundliche Maßnahmen des Unternehmens, wie z.B. Rückenschule, Kooperation mit einem Fitnesszentrum, rückenschonende Bürostühle viele Fehlzeiten verringert werden könnten.

10. Literaturverzeichnis / Quellenverzeichnis

Literatur

ARBEITSGESETZE (2010):
77. Auflage. München: Deutscher Taschenbuch Verlag GmbH & Co. KG

BÜRGERLICHES GESETZBUCH (2011):
68. Auflage. München: Deutscher Taschenbuch Verlag GmbH & Co. KG

GLOBUS-VERLAG (2004):
BMWA-Schätzung. Bildnummer 11629394. Stand: 13.02.2004

LEPKE, Achim (2008):
Kündigung bei Krankheit. Berlin: Erich Schmidt Verlag, 13. Auflage

Internet

www.rae-hoss.de (Stand: 07.02.2012)

DR. Axel Hoss. Fachanwalt für Arbeitsrecht: Krankheitsbedingte Kündigung. 31.03.2010.
http://www.rae-hoss.de/51015496010d35701/51015496010d7b508/51015496c808ffe48/index.htm

www.sozialpolitik-aktuell.de (Stand: 14.02.2012)

Bundesministerium für Gesundheit: Gesetzliche Krankenversicherung, Mitglieder, mitversicherte Angehörige und Krankenstand. http://www.sozialpolitik-aktuell.de/tl_files/sozialpolitik-aktuell/_Politikfelder/Arbeitsbedingungen/Datensammlung/PDF-Dateien/abbV1.pdf

www.balanceacademie.de (Stand: 07.02.2012)

Krankenstand 2010 gestiegen: Immer mehr Krankschreibungen. 08.08.2011.
http://www.balanceacademie.de/wordpress/?p=10

www.tagesschau.de (Stand: 07.02.2012)

ARD: Krankenstand 2010 gestiegen - Immer mehr Krankschreibungen. 19.07.2010.
http://www.tagesschau.de/inland/krankenstand132.html

www.versicherungsjournal.de (Stand: 10.02.2012)

Dramatische Entwicklung der Krankmeldungen.
http://www.versicherungsjournal.de/karriere-und-mitarbeiter/dramatische-entwicklung-der-krankmeldungen-110938.php

www.kuendigung.de (Stand: 16.01.2012)

JURACITY/Recht für Alle: krankheitsbedingte Kündigung.
http://www.kuendigung.de/rechtslexikon-kuendigung/glossar/kuendigung-krankheitsbedingt/index.html

www.hensche.de (Stand: 14.02.2012)

Rechtsanwalt Dr. Martin Hensche, Fachanwalt für Arbeitsrecht, Berlin: Informationen zum Thema Kündigung - Kündigung wegen Krankheit. 10.02.2012.
http://www.hensche.de/Rechtsanwalt_Arbeitsrecht_Handbuch_Kuendigung_Krankheitsbedingt.html

www.bwr-media.de (Stand: 14.02.2012)

Günter Stein: Kündigung: Das sind die häufigsten Gründe für eine personenbedingte Kündigung. 09.01.2012. http://www.bwr-media.de/personal-arbeitsrecht/3359_kuendigung-das-sind-die-haeufigsten-gruende-fuer-eine-personenbedingte-kuendigung/

Günter Stein: Personalrecht: Prüfen Sie, ob eine Abmahnung erforderlich ist.11.03.2009.
http://www.bwr-media.de/personal-arbeitsrecht/347_personalrecht-pruefen-sie-ob-eine-abmahnung-erforderlich-ist/

www.betriebsrat.com (Stand: 24.02.2012)

W.A.F. Institut für Betriebsräte-Fortbildung: Die Kündigung.
http://www.betriebsrat.com/kuendigung

www.dejure.org (Stand: 24.02.2012)

Juristischer Informationsdienst: Kündigungsschutzgesetz. 14.02.2012.
http://dejure.org/gesetze/KSchG/1.html

www.arbeitsrechtsforum-hannover.de (Stand: 24.02.2012)

Axel Schulte. Arbeitsrechtsforum. Rechtssprechung zur personenbedingten Kündigung 09.01.2008. http://www.arbeitsrechtsforum-hannover.de/AS_Rechtssprechung_zur_personenbedingten_Kuendigung.htm

www.arbeitsrechtsberater-berlin.de (Stand: 25.02.2012

Thomas Berger: Abmahnung.2008. http://www.arbeitsrechtsberater-berlin.de/arbeitsrechtsberater-abc/arbeitsrechtsberater-abc/abmahnung/wann-ist-eine-abmahnung-erforderlich.html

BAG-Urteile:

05.04.1976 – 5 AZR 397/75

25.11.1982 – 2 AZR 140/81

09.04.1987 – AZR 210/86

11.11.1987 – 5 AZR 497/86

10.05.1990 – 2 AZR 580/89

26.09.1991 – 2 AZR 132/91

23.09.1992 – 2 AZR 63/92

29.07.1993 – 2 AZR 155/93

17.02.1994 – 2 AZR 616/93

29.01.1997 – 2 AZR 9/96

03.12.1998 – 2 AZR 234/98

29.04.1999 – 2 AZR 431/98

17.06.1999 - 2 AZR 608/98

12.04.2002 – AZR 148/01

07.11.2002 – 2 AZR 599/01

10.11.2005 – 2 AZR 44/05

24.11.2005 – 2 AZR 514/04

27.04.2006 – 2 AZR 386/05

18.01.2007 – 2 AZR 731/05

19.04.2007 – 2 AZR 239/06

06.09.2007 – 2 AZR 264/06

08.11.2007 – 2 AZR 292/06

13.12.2007 – 2 AZR 537/06

26.06.2008 – 2 AZR 190/07

LAG-Urteile:

19.09.1986 – 16 Sa 833/86

29.07.2009 – L 9 AL 129/08

01.07.2011 – 10 Sa 245/11

Unterrichtsaufschriebe:

18.03.2011 – Schulfach: Arbeitsrecht - Lehrer: Herr Mössner

20.05.2011 – Schulfach: Arbeitsrecht - Lehrer: Herr Mössner

Anhang

zu Punkt 7:

Die Anhörung des Betriebsrats

Form und Inhalt der Mitteilung:
Für die ordnungsgemäße Betriebsratsanhörung ist es Voraussetzung, dass der Arbeitgeber den Betriebsrat schriftlich oder mündlich anhört. Folgende Angaben müssen ggf. Bestandteil des Anhörungsverfahrens sein:

- Personalien des Arbeitnehmers
- Kündigungsgründe mit dazugehörigen Erläuterungen, z.B. auch Entlastungsmomente, Werturteile oder stichwortartige Angaben reichen nicht aus, Ausnahme: eine Kündigung, die (noch) nicht unter das Kündigungsschutzgesetz fällt[61]
- Art der Kündigung
- evtl. bestehender Kündigungsschutz
- Kündigungsfrist
- Kündigungstermin
- sonstige im Einzelfall mitzuteilende Besonderheiten

Bei verhaltensbedingten Kündigungen sind dem Betriebsrat Abmahnungen und evtl. Gegendarstellungen zuzuleiten.

Bei betriebsbedingten Kündigungen hat der Arbeitgeber die Gründe der Sozialauswahl darzulegen.

Desweiteren hat der Arbeitgeber inner- bzw. außerbetriebliche Gründe und deren Folgen für die Beschäftigten darzulegen. Die Tatsachen einer Unternehmerentscheidung sind konkret darzulegen F.K.H.E. § 102, Rn. 16b, 20. Auflage.

Bei personenbedingten Kündigungen wegen Krankheit sind ausführliche Angaben über Fehlzeiten, betriebliche und wirtschaftliche Auswirkungen zu machen.

---

[61] Vgl. BAG-Urteil vom 03.12.1998 - 2 AZR 234/98

Handlungsmöglichkeiten des Betriebsrats bei geplanten Kündigungen

1. Mitteilung von Bedenken
2. Widerspruch des Betriebsrats gem. § 102 Abs. 3 Abs. 3 Nr. 1 bis 5 BetrVG
3. Zustimmung zur Kündigung
4. keine Stellungnahme

zu 1.:

Hat der Betriebsrat gegen eine geplante Kündigung Bedenken, so kann er diese bei einer ordentlichen Kündigung binnen Wochenfrist, bei einer außerordentlichen Kündigung binnen drei Tagen schriftlich mitteilen. Der Tag an dem die Information dem Betriebsrat gegeben wurde, zählt bei der Fristberechnung vgl. § 187 Abs. 1, § 188 Abs. 2 BGB nicht mit.

Arbeitgeber und Betriebsrat können eine Fristverlängerung vereinbaren. Nach § 102 Abs. 2 BetrVG soll der Betriebsrat den betroffenen Arbeitnehmer hören. Der Betriebsrat kann jedwede Gründe aufführen, die seines Erachtens gegen die Kündigungsabsicht sprechen.

Die Bedenken, die der Betriebsrat äußert, können außerhalb der Widerspruchsgründe des § 102 Abs. 3 Nr. 1 bis 5 BetrVG liegen. Der Arbeitgeber ist nicht an die Stellungnahme des Betriebsrats gebunden, jedoch hat er sich im Rahmen der vertrauensvollen Zusammenarbeit gem. § 2 BetrVG damit zu befassen, vgl. Schaub ArbR-Handbuch, § 123, Rn. 110 und 111, 9. Auflage.

zu 2.:

Der Betriebsrat kann einer geplanten ordentlichen Kündigung innerhalb der Wochenfrist nach § 102 Abs. 2 S. 1 BetrVG widersprechen. Um einen rechtswirksamen Widerspruch zu erreichen, bedarf dieser der Schriftform. Weiterhin kann der Betriebsrat nur nach den im BetrVG verankerten Gründen des § 102 Abs. 3 Nr. 1 bis 5 widersprechen.

Hierzu ist es notwendig, dass der Betriebsrat nicht nur auf den Gesetzestext verweist oder ihn wiederholt, sondern der Betriebsrat hat ein Mindestmaß an konkreter Argumentation darzulegen um eine Rechtswirksamkeit begründen zu können[62].

Trotz des Widerspruchs des Betriebsrats kann der Arbeitgeber die Kündigung aussprechen. Hat jedoch der Betriebsrat frist- und ordnungsgemäß widersprochen, so

---

[62] Vgl. BAG, 17.06.1999 - 2 AZR 608/98

kann der Arbeitnehmer im Rahmen einer evtl. Kündigungsschutzklage und gem. § 102 Abs. 5 BetrVG ausdrücklich seine Weiterbeschäftigung zu unveränderten Arbeitsbedingungen bis zum rechtskräftigen Abschluss des Kündigungsschutzverfahrens verlangen.

Bei einer geplanten außerordentlichen Kündigung kann der Betriebsrat zwar Widerspruch einlegen, nachdem dies aber in § 102 Abs. 3 BetrVG nicht vorgesehen ist, bewirkt er die Rechtsfolgen des § 102 Abs. 5 BetrVG (Weiterbeschäftigungsanspruch) nicht.

zu 3.:

Eine ausdrückliche Zustimmungserteilung des Betriebsrats zu einer geplanten (außer)ordentlichen Kündigung sieht das Gesetz nicht vor und kann vom Betriebsrat nicht verlangt werden vgl. F.K.H.E. § 102, Rn. 33, 20. Auflage.

Stimmt der Betriebsrat einer Kündigung zu, so führt dies nicht zur sozialen Rechtfertigung und Rechtmäßigkeit der Kündigung.

zu 4.:

Gibt der Betriebsrat innerhalb der Frist des § 102 Abs. 2 Satz 2 BetrVG keine Stellungnahme ab, so gilt die Zustimmung als erteilt.

Die Nichtäußerung wird kraft Gesetzes als Zustimmung fingiert, vgl. F.K.H.E. § 102, Rn. 33, 20. Auflage.

Der Betriebsrat sollte wirklich vor jeder Kündigung den betroffenen Arbeitnehmer, falls dies möglich ist oder der Arbeitnehmer dies wünscht, zu der Kündigungsabsicht des Arbeitgebers befragen. Es können sich durchaus Gesichtspunkte ergeben, die der Betriebsrat für einen ordnungsgemäßen Widerspruch oder Bedenken verwenden kann.

Durch eine freiwillige Betriebsvereinbarung nach § 102 Abs. 6 BetrVG kann die Wirksamkeit von Kündigungen von der Zustimmung des Betriebsrats abhängig gemacht werden. Allerdings kann dann der Betriebsrat als Mitverantwortlicher einer Kündigungsentscheidung betrachtet werden.

Im Übrigen entfällt durch solch eine Betriebsvereinbarung das Widerspruchsrecht des Betriebsrats gem. § 102 Abs. 3 Nr. 1 bis 5 BetrVG und ein Weiterbeschäftigungsanspruch des Arbeitnehmers nach § 102 Abs. 5 BetrVG, vgl. F.K.H.E. § 102 Rn. 70, 20. Auflage.[63]

zu Punkt 3:

§ 1 Sozial ungerechtfertigte Kündigungen

(1) Die Kündigung des Arbeitsverhältnisses gegenüber einem Arbeitnehmer, dessen Arbeitsverhältnis in demselben Betrieb oder Unternehmen ohne Unterbrechung länger als sechs Monate bestanden hat, ist rechtsunwirksam, wenn sie sozial ungerechtfertigt ist.

(2) Sozial ungerechtfertigt ist die Kündigung, wenn sie nicht durch Gründe, die in der Person oder in dem Verhalten des Arbeitnehmers liegen, oder durch dringende betriebliche Erfordernisse, die einer Weiterbeschäftigung des Arbeitnehmers in diesem Betrieb entgegenstehen, bedingt ist. Die Kündigung ist auch sozial ungerechtfertigt, wenn

in Betrieben des privaten Rechts

    a) die Kündigung gegen eine Richtlinie nach § 95 des BetrVG verstößt,

    b) der Arbeitnehmer an einem anderen Arbeitsplatz in demselben Betrieb oder in einem anderen Betrieb des Unternehmens weiterbeschäftigt werden kann

und der Betriebsrat oder eine andere nach dem BetrVG insoweit zuständige Vertretung der Arbeitnehmer aus einem dieser Gründe der Kündigung innerhalb der Frist des § 102 Abs. 2 Satz 1 des BetrVG schriftlich widersprochen hat,

in Betrieben und Verwaltungen des öffentlichen Rechts

    a) die Kündigung gegen eine Richtlinie über die personelle Auswahl bei Kündigungen verstößt,

---

[63] Vgl. http://www.betriebsrat.com/kuendigung

b) der Arbeitnehmer an einem anderen Arbeitsplatz in derselben Dienststelle oder in einer anderen Dienststelle desselben Verwaltungszweiges an demselben Dienstort einschließlich seines Einzugsgebietes weiterbeschäftigt werden kann

und die zuständige Personalvertretung aus einem dieser Gründe fristgerecht gegen die Kündigung Einwendungen erhoben hat, es sei denn, dass die Stufenvertretung in der Verhandlung mit der übergeordneten Dienststelle die Einwendungen nicht aufrechterhalten hat.

Satz 2 gilt entsprechend, wenn die Weiterbeschäftigung des Arbeitnehmers nach zumutbaren Umschulungs- oder Fortbildungsmaßnahmen oder eine Weiterbeschäftigung des Arbeitnehmers unter geänderten Arbeitsbedingungen möglich ist und der Arbeitnehmer sein Einverständnis hiermit erklärt hat. Der Arbeitgeber hat die Tatsachen zu beweisen, die die Kündigung bedingen.

(3) Ist einem Arbeitnehmer aus dringenden betrieblichen Erfordernissen im Sinne des Abs. 2 gekündigt worden, so ist die Kündigung trotzdem sozial ungerechtfertigt, wenn der Arbeitgeber bei der Auswahl des Arbeitnehmers die Dauer der Betriebszugehörigkeit, das Lebensalter, die Unterhaltspflichten und die Schwerbehinderung des Arbeitnehmers nicht oder nicht ausreichend berücksichtigt hat; auf Verlangen des Arbeitnehmers hat der Arbeitgeber dem Arbeitnehmer die Gründe anzugeben, die zu der getroffenen sozialen Auswahl geführt haben. In die soziale Auswahl nach Satz 1 sind Arbeitnehmer nicht einzubeziehen, deren Weiterbeschäftigung, insbesondere wegen ihrer Kenntnisse, Fähigkeiten und Leistungen oder zur Sicherung einer ausgewogenen Personalstruktur des Betriebes, im berechtigten betrieblichen Interesse liegt.

Der Arbeitnehmer hat die Tatsachen zu beweisen, die die Kündigung als sozial ungerechtfertigt im Sinne des Satzes 1 erscheinen lassen.

(4) Ist in einem Tarifvertrag, in einer Betriebsvereinbarung nach § 95 des BetrVG oder in einer entsprechenden Richtlinie nach den Personalvertretungsgesetzen festgelegt, wie die sozialen Gesichtspunkte nach Abs. 3 Satz 1 im Verhältnis zueinander zu bewerten sind, so kann die Bewertung nur auf grobe Fehlerhaftigkeit überprüft werden.

(5) Sind bei einer Kündigung auf Grund einer Betriebsänderung nach § 111 des BetrVG die Arbeitnehmer, denen gekündigt werden soll, in einem Interessenausgleich zwischen Arbeitgeber und Betriebsrat namentlich bezeichnet, so wird vermutet, dass die Kündigung

durch dringende betriebliche Erfordernisse im Sinne des Abs. 2 bedingt ist. Die soziale Auswahl der Arbeitnehmer kann nur auf grobe Fehlerhaftigkeit überprüft werden. Die Sätze 1 und 2 gelten nicht, soweit sich die Sachlage nach Zustandekommen des Interessenausgleichs wesentlich geändert hat. Der Interessenausgleich nach Satz 1 ersetzt die Stellungnahme des Betriebsrates nach § 17 Abs. 3 Satz 2[64].

---

[64] Vgl. www.dejure.org